연꽃 향기로 오신
묘엄 스님

연꽃 향기로 오신
묘엄 스님

만화로 읽는 한국불교의 큰 스승 묘엄 스님의 삶

글·그림 **배종훈** ● 감수 **이미령**

봉녕사 도량의 나무와 꽃들이 몇 번씩이나
옷을 갈아입었는지 알 수 없다.
그 많은 세월이 오고 감에 이 도량에는 항상
묘엄 큰스님께서 계신다고만 생각했었는데….

열반에 드신 지 벌써 5년이 흘렀다.
그래도 아직 실감은 나지 않는다.
왜냐하면
우리는 여전히 스님의 교육사상을 그대로 이어서,
여러 제자 스님들이 각자의 위치에서
큰스님의 가르침을 여러 학인들에게 펼쳐가고
있기 때문이다.

묘엄 스님의 열반 제 5주기를 맞이해서 우리 천진불들과 여러 어린이들,
우리 불자들까지도 다시 한 번 큰스님을 기억하기 위해,
또 부처님의 가르침을 실천하기 발원하면서
큰스님의 삶을 만화로 만들게 되었다.

스님께서 먼 여행을 마치고 돌아오시는 그날까지
우리는 기다린다.
스님이 남기고 가신 이 도량을 가꾸고 정진하면서….

2016년 11월
봉녕사 주지 자연

칠순이 넘은 한 유명한 사진가가 있었습니다.
그는 평생 동안 뛰어난 사진가들을 찾아다니면서
새로운 사진 기술을 익히고 성능이 우수한 카메라와
장비를 구입해 사진을 찍었습니다.
그러나 기술적으로는 완벽했지만, 뭔가 빠진 듯한 느낌을
지울 수 없었습니다. 어느 날 손자가 찍은 가족사진을 보고
큰 충격을 받았습니다. 자신이 평생을 바쳐 얻으려 했던
최고의 사진이 바로 눈앞에 있었기 때문입니다.
사진가는 손자에게 어떤 카메라로,
어떤 촬영기술로 찍었는지 물었습니다.
손자가 말했습니다. 며칠 전 부모님과 산책을 갔다가
마침 아름다운 무지개를 발견하고 사진으로 남겨야겠다 싶어,
근처 편의점에서 1회용 카메라를 구입해서 찍었다는 것입니다.
특별한 기술도 좋은 카메라도 없이 찍은 사진이
지금까지 자신이 찍은 그 어떤 사진보다 훌륭했습니다.
손자는 또 말했습니다.
"사진 찍을 때 아버지와 어머니, 그리고 저, 모두 행복했고 즐거웠어요.
여기 사진을 보세요. 두 분 웃는 모습이 너무 생생하죠?
이 사진은 볼 때마다 자꾸 웃게 돼요."
사진가는 순간 깨달았습니다. 훌륭한 사진은 성능이 뛰어난
고가의 카메라나 특별한 촬영 기술이 만드는 것이 아니라
마음이 만드는 것이었습니다. 대상을 담고자 하는 진실 된 마음과
대상과의 충분한 교감이 좋은 사진을 만들어 내는 것이었습니다.
처음 묘엄 스님의 일대기를 만화로 그리는 작업을 맡고
스님의 생애를 정리하면서 부모님의 사진을 아름답게 담은
아이가 떠올랐습니다. 부처님의 법을 배우고, 실천하고,
다른 이에게 전하며 오로지 행복하고 즐거워하는 그 모습 말입니다.

오직 한 마음으로 걸어가신 그 걸음 앞에
내가 이 작업을 제대로 완성하지 못할까
걱정스럽기도 했습니다.
작업을 시작한 지 일 년여의 시간이 지나,
드디어 첫 번째 책이 세상에 나오게 되었습니다.
수행자이자 강사로서 세상을 비추신 묘엄 스님의
남은 이야기를 기쁜 마음으로 담아낼 생각을
하니 더욱 설렙니다. 사실 우리는 행복한 삶의 방법,
극락왕생하는 방법을 잘 알고 있습니다.
다른 사람을 속이지 않고, 욕심 부리지 말고,
하루하루 성실하게 살아가는 것이 그 답입니다.
또 누군가는 이 답변에 만족하지 못할 것입니다.
그럼 앞서 말한 사진가와 손자를 생각해 보시기 바랍니다.
살아가는 데 특별한 기술은 없습니다.
주어진 것에 최선을 다하면 하루하루가
즐겁고 행복할 것이며
내가 살아가는 지금의 삶이 극락왕생보다
더 기쁘지 않겠습니까?
주어진 삶에 흔들림 없이 최선을 다하신
묘엄 스님의 이야기가 바로 그 답입니다.

1931	경남 진주에서 출생
1945	대승사 윤필암에서 월혜 스님을 은사로 득도,
	성철 스님을 계사로 사미니계 수지
1948	봉암사 결사에 동참,
	자운 스님을 계사로 식차마나니계 수지
1948~51	해인사 국일암, 봉암사, 묘관음사에서 수선안거
1949	봉암사에서 성철 스님에게 조사어록, 지리, 역사 등 수학
1951	통도사에서 자운 화상에게 사미니율의, 비구니계본, 범망경 등 수학
1953	동학사, 금수사, 통도사 등에서 운허 스님에게 수학
1956	동학사에서 사교과 수료, 경봉 스님으로부터 전강 받음
1957	통도사에서 대교과 수료, 운허 스님으로부터 전강 받음
	동학사에서 최초의 비구니 강사로서 학인을 가르침
1961	통도사에서 자운 스님을 계사로 비구니구족계 수지
1966	동국대학교 불교학과 졸업,
	청도 운문사 강원 최초 비구니 강주 취임
1974	봉녕사 강원 개원, 강주 취임
1977	봉녕사 주지 취임 및 강원장 겸임
1981	자운성우 스님으로부터 전계 받고 비구니 율맥을 이음
1981~2006	비구니구족계 수계산림 교수사, 갈마위원, 니갈마아사리, 니화상 등 역임
1987	봉녕사승가대학 학장 취임
1992	대한불교조계종 제10대 중앙종회의원 역임
1999	세계 최초의 비구니 율원인 금강율원 개원, 초대 율원장 취임
2002	자서전 『회색고무신』 출판
2007	단일계단 전계대화상 활산 성수스님으로부터 율주 임명
	독일 함부르크대학에서 개최한 국제회의에서 논문발표
	주강 50주년 기념 논총 봉행
2007	종단 사상 최초로 명사법계 품서 수지
2009~2011	비구니 전계화상
2011	12월 2일 봉녕사 향하당에서 원적

묘엄 스님(1931~2011)

태어나서 받은 이름은 '이인순'. 인순은 열네 살이 되던 1945년 봄에
어머니의 편지를 들고 문경 대승사를 찾아갔다. 그곳에는 아버지 청담 스님이
성철 스님과 함께 수행 중이었다. 그곳에서 성철 스님의 권유로 머리를 깎고
'비구니 묘엄'으로 다시 태어났다. 스님은 낮에는 탁발을 다니면서도 책을
놓지 않았고, 배움이 부족하다 싶은 날에는 밤새워 공부했다. 촛농을 모아 밝힌
불빛 아래서 밤새워 책을 읽다 보면 동틀 무렵 얼굴과 콧구멍이 새카매지기
일쑤였다.

청담 스님(1902~1971)

1954년부터 60년대 초까지 이 땅에서 들불처럼 타오른 한국불교를 바로 세우자
는 뜻이 담긴 '봉암사 결사'를 이끌었으며, 정화종단 초대 총무원장, 종정을
지낸 큰스님이다. 근현대 한국불교사에서 인욕(참을성)과 청빈(검소함)을 대표하
는 스님은 "흐르는 개울물도 아껴 쓰라."고 했고, 쓰레기통에 버려진 콩나물대가
리를 발견하고 행자에게 "다시 삶아 내 밥상에 올려라."라고 할 정도였다.
묘엄 스님은 청담 스님의 청빈과 인욕 수행의 가르침을 고스란히 이어 받았다.

성철 스님(1912~1993)

20세기 한국불교를 대표하는 큰스님. 청담 스님과 함께 '부처답게 살자'는
'봉암사 결사'로 새로운 선풍(禪風)을 일으켰다. 출가 3년 만에 깨달음을 얻은 뒤
장좌불와(자리에 눕지 않는 수행) 8년, 동구불출(한 장소를 벗어나지 않고 정진함) 10년
등 평생토록 오직 진리를 위해 모든 것을 버린 수행의 삶을 살았다. "자기를
바로 보라." "남을 위해 기도하라." "일체 중생의 행복을 위해 기도하라."고
이르시던 스님은, 속인으로 이 땅에 태어나서 부처가 되는 길을 걸었다.
성철 스님은 열네 살 소녀에게 '묘엄(묘할 묘(妙), 장엄할 엄(嚴))'이라는 법명을
내려 비구니의 길을 열어주었다. 성철 스님의 엄한 가르침은, 묘엄 스님이
한국 비구니계의 거목으로 자랄 수 있는 토양이 되었다.

자운 스님(1911~1992)

한국 근현대 불교의 대표적인 율사. 15세 되던 해 어머니와 함께 갔던
오대산 혜운 스님으로부터 '세속의 100년 3만 6천 일보다 출가의 반나절이
더 낫다.'는 청나라 순치 황제의 출가 시를 듣고 출가를 결심했다.
일제강점기 왜색화된 한국불교를 다시 일으켜 세우기 위해 청정계율을 근간으로
수행하면서 후학을 지도했다. 종단 전계대화상(스님들에게 계를 내리는 최고 책임자)을
역임하며, 승단의 계율을 올바르게 정립하는 등 흐트러진 계단(戒壇)을 정비했다.
묘엄 스님에게 율학을 가르쳤다.

향곡 스님(1912~1978)

후학들에게서 '깨달음의 길을 인도하는 길잡이'라는 존칭을 들었던 큰스님으로,
전국 제방에서 조실과 방장으로 모시길 서로 청했을 정도였다. 스님은 '부처를
절대자로 생각하지 말 것'과 '부처에 대한 관념을 버리지 못하면 부처 또한 스스로
를 얽어매는 쇠사슬에 불과하다'는 것을 늘 강조했다. 한편 스님은 성철 스님이
한평생 잊지 않은 도반(道伴, 구도행의 동반자)이었다. 두 스님은 서로 번갈아
탁마(서로가 공부한 것으로 이야기를 나누며 배우고 경책해 수행을 발전시키는 것)하며
공부했는데, 다른 사람들이 보기에 기이한 행동처럼 보이곤 했다. 공부를 위해
생사를 두려워하지 않던 두 스님은 묘엄 스님에게 큰 영향을 끼쳤다.

월혜 스님(1895~1956)

묘엄 스님의 은사 스님. 안동포교당에서 청담 스님의 법문을 듣고 발심하여
문경 윤필암에서 선진 스님을 은사로 출가하였으며, 사불산 윤필암·오대산 지장암
덕숭산 견성암을 오가며 수선 안거하였다. 평소 말수가 적고 빈틈이 없는
분으로 평생 청빈하고 올곧게 수행했다. 상좌인 묘엄 스님이 사미니 교육을 받는
기간 동안 모든 면을 세세하게 지켜보며, 항상 시주물을 아끼고 시주자에게
감사한 마음을 갖도록 가르쳤다. 특히 거만한 행동을 할까 미리 주의를 주었고,
모든 것을 대중들과 똑같이 나누어 가져야 한다는 점을 강조했다. 엄격한 스승이
셨지만 정이 많은 분으로 묘엄 스님에게 일상 생활의 소소한 면들을 가르쳤다.

목차

1

풍경 소리에
옛 기억이 떠오르고

천 년 전 아득한 옛날
어느 스님이 정성껏 심은
향나무 한 그루.

댕그렁~

봉녕사 풍경 소리에는
아득한 세월이 담겨 있다.

댕그렁~

갈 곳 없던 30여 명 비구니들이
무작정 빈손으로 왔던
황량한 고찰 봉녕사.

연꽃 향기로 오신 묘엄 스님

오늘의 대가람 봉녕사와
봉녕사승가대학이 이루어지기까지
얼마나 많은 비구니들이 땀을 흘렸을까.

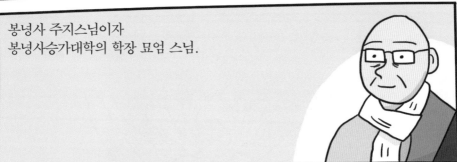

봉녕사 주지스님이자
봉녕사승가대학의 학장 묘엄 스님.

세속 나이 칠순을 넘겼지만
티없이 맑고 포근한 모습.

노을보다 더 따뜻하고
연꽃처럼 온화한 미소를
지니신 노스님.

연꽃 향기로 오신 묘엄 스님

1931년 1월 17일에 태어난 묘엄 스님의 태몽은 흰 연꽃이었다.

어머니가 하얀 연꽃을 소중하게 받아드는 꿈과 함께 사랑스런 아이 '인순'은 태어났다. 그리고 인순은 청담 스님의 둘째 딸이기도 했다.

하지만 당시 조선은 일본의 통치를 받고 있었고

열네 살 어린 인순이 위안부로 끌려갈까 두려워 어머니는 대승사 쌍련선원으로 인순을 보내게 되었다.

2

성철 스님을 만나
출가를 결심하다

쌍련선원의 낯선 스님들 사이에서 성철 스님이 먼저 인순에게 말을 건넸다.

저녁밥은 먹었니?

… 예.

절에는 다녀보았고?

예… 몇 번.

그럼 부처님이 어떤 분인지 알겠구나?

아… 아니 잘 몰라요.

그럼 내가 천천히 알려주마.

19

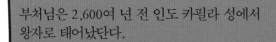
부처님은 2,600여 년 전 인도 카필라 성에서
왕자로 태어났단다.

아버지는 카필라성
정반왕이고, 어머니는
마야 왕비시지.

부처님은 세상에 태어나서
칠일 만에 어머니를 잃고
이모 손에서 자라게 됐어.
그런데 하루는 성 밖 구경을
나갔다가 병자와 노인,
장례 행렬을 보고 생의
덧없음을 느꼈는데…

그러나 열네 살 어린 인순에게는
너무나 어려운 이야기였다.

연꽃 향기로 오신 묘엄 스님

똑똑!

허허 시간이…

참, 밤 9시면 불 끄고 자야 한다. 새벽에 일찍 일어나야 하거든.

너도
고단할 텐데
일찍 자거라.

예.

짹

짹

성철 스님은 인순이를 맡아 많은 이야기를 들려주었다

싯다르타 왕자는 사랑하는 부인과 아들을 버리고 새벽에 왕궁을 떠나서 수행의 길을 걷지.

인순은 아버지 청담 스님도 꼭 싯다르타 왕자처럼 스님이 되셨으리라 짐작했다.

연꽃 향기로 오신 묘엄 스님

하루, 이틀…

사흘, 나흘…

발명가 에디슨 이야기부터 소크라테스, 맹자, 공자 그리고 세종대왕까지

모든 성인들의 이야기를 들을 수 있었다.

학교에서도 배우지 못한 것을 스님들은 어쩜 이리도 많이 아실까?

스님은 목탁만 치는 줄 알았는데…

인순아, 너 우리 역사는 알고 있니?

모… 모릅니다.

학교에선 일본 역사만 가르쳐 주었어요.

나쁜 일본놈들! 조선 역사는 내팽개치고 일본 역사만 가르치다니!

일본의 식민지
교육정책 때문에

우리말을 읽고 쓸 수
없었던 인순.

인순은 성철 스님의 호탕한 인품과
해박한 지식에 차츰 이끌리기
시작했다.

나도 저렇게
많이 배울 수
있다면…

하루하루가 지나고 성철 스님이
아끼고 아끼던 말을 꺼냈다.

인순아, 너 스님 되지 않으련?
그럼 공부를 많이 할 수 있단다.

싫습니다.

여자 스님은 말도 잘 못하시고, 설법도 할 줄 모르고요.

그건 말이야…, 네가 잘 배워서 훌륭한 스님이 되어 비구니 스님들을 이끌면 다 바꿀 수 있는 거란다.

그래도 비구니는 안 될 겁니다.

연꽃 향기로 오신 묘엄 스님

다음 날도, 그 다음 날도 성철 스님은 인순이에게
끝없이 재미있는 이야기를 들려주었다.

아, 정말 나도 저렇게
많이 배울 수만 있다면
얼마나 좋을까!

스님, 스님이 알고 있는것,
다 저한테 가르쳐줄 수
있어요?

가르쳐주지, 아무렴!
다 가르쳐주고 말고!

정말요? 그러면 저 스님 될게요?

저는 밥 하고 빨래만 하는 그런 스님이 안 될 겁니다. 저를 꼭 훌륭한 법사스님으로 만들어 주세요!

연꽃 향기로 오신 묘엄 스님

그래, 그래.
내 기어이 그렇게 하마.

1940년대 우리나라 불교계는
비구니 위상이 비구보다 낮아서
법문을 하거나 큰 불교의식을
이끌어 갈 수 없었다.

그런 때에 남녀의 능력이 같고,
비구와 비구니의 위상이
다르지 않다는 성철 스님의 생각은

훗날 비구니계의 큰 별이 될 묘엄 스님의 가슴에
아름다운 싹을 틔웠다.

3

사미니계를 받다

산허리를 휘감고 한참을 걸어 고개를 넘으면
비구니들만 살고 있는 윤필암(潤筆庵)이 있다.

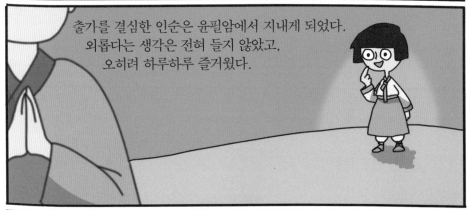

출가를 결심한 인순은 윤필암에서 지내게 되었다.
외롭다는 생각은 전혀 들지 않았고,
오히려 하루하루 즐거웠다.

그러던 어느날, 한 비구니 스님이
물었다.

인순이 너,
은사스님은 정했니?

아뇨, 아직이요.

인순의 결심은 윤필암의 모든 대중들에게
신선한 충격이 아닐 수 없었다.

어쩜 애가 그렇게
당차지?

...

1945년 음력 5월 4일,
계를 받기 하루 전.

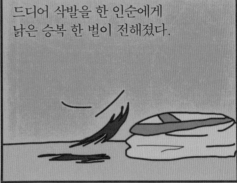

드디어 삭발을 한 인순에게
낡은 승복 한 벌이 전해졌다.

내가 이제 정말
승복을 입는구나!

연꽃 향기로 오신 묘엄 스님

성철 스님은 그렇게 사미니가 지켜야 할 열 가지 계를 당부했고

그때마다 인순은 거침없이 "지키겠습니다."를 외쳤다.

이제 그대는 사미니가 되었으니 법명은 묘할 묘(妙)자, 장엄할 엄(嚴)자, 묘엄이라 할 것이다.

이례적으로 참석한 인순의 어머니는 스님이 된 딸에게 절을 올렸다.

이렇게 해서 이인순은 세속의 인연을 끊고, 사미니 묘엄으로 다시 태어나게 되었다.

4

출가자로서
첫 걸음을 내딛다

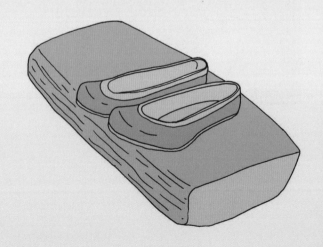

사미니 묘엄에게 새로운 하루하루가 시작되었다.

승려로서의 식사예절, 걸음걸이, 앉는 자세 등의 기본 생활습관 같은 엄격한 대중 생활규칙을 철저히 따르게 되었다.

새벽 3시에 일어나

아침부터 하루종일 공양간 소임을 힘들게 보내고

밤에는 지쳐 쓰러져 잠이 든다.

하지만, 단 한 번도 고향집을 그리워하지 않았다.

오히려 전생에 살아본 일이 있는 곳으로 돌아온 것처럼, 암자 생활을 자기 집처럼 편안하게 느꼈다.

수행자가 된 묘엄이 제일 먼저 배운 진언은
해우소에 갈 때마다 외우는
「입측오주」였다.

첫째, 해우소에 들어가 외우는 입측진언
둘째, 일을 마치고 뒷마무리하며 외우는 세정진언.
셋째, 손을 씻으며 외우는 세수진언
넷째, 더러움을 다 버리고 나서 외우는 거예진언
다섯째, 몸을 깨끗이 씻고 나서 외우는 정신진언

화장실에서 대소변을 볼 때도 욕심과 성냄,
어리석음 뿐만 아니라 온갖 걱정, 근심과 번뇌도 깨끗하게 비워서
청정한 수행의 길을 가겠노라는 다짐이 담겨 있다.

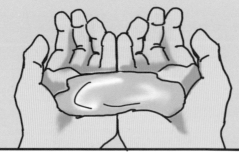

묘엄의 은사인 월혜 스님이 입측오주를
제일 먼저 가르친 이유는 밥을 먹고,
화장실을 가는 기본적인 행위에도 수행자로서
마음을 잘 챙기게 하려는 의도였다.

「입측오주」를 다 외우자
『천수경』이 묘엄을 기다렸다.

『천수경』은 「입측오주」에 비해
너무 힘들었다.

묘엄은 이를 악물었다.
『천수경』을 외우면서 한글 공부까지
겸하기로 결심했다.

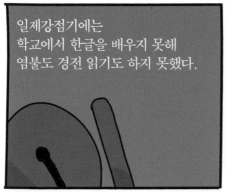

일제강점기에는
학교에서 한글을 배우지 못해
염불도 경전 읽기도 하지 못했다.

묘엄은 절박한 심정으로 한글 공부에
매달렸다.

그렇게 하루 이틀 …
한 달이 지나
마침내

「정구업진언」부터 시작해서
「참제업장 십이존불」까지 외운 묘엄.

이제 웬만큼 한글을 읽고 쓸 수 있게 되자
진주 속가의 어머니에게 편지를 써서 보냈다.

"어머니, 저는 승려 생활을 잘 배우고 있습니다.
누더기를 입더라도 착실히 스님 노릇을 할 테니 아무 걱정 마세요."

그렇게 묘엄은 청빈한
수행자의 자세를
갖춰 나갔다.

이후 삼신각, 칠성각 등의
각단 염불을 포함해 중요한
불교의식을 익혀 나갔다.

윤필암에서 지낸 사미니 시절은 비록 힘들었지만,
훗날 묘엄이 자급자족과 청빈한 삶을
살아가는 데 단단한 초석이 되어 주었다.

연꽃 향기로 오신 묘엄 스님

5

행동으로
가르침을 보이는 스승

때로 어머니가
음식과 옷을 준비해
오셨다.

그럴 때마다 은사이신 월혜 스님은
묘엄에게 음식과 옷을 모두 보시하도록 일렀다.

국수는 대중스님들이
별식으로 다함께 나누게 했고

월혜 스님은 옷과 옷감도 묘엄에게
한 벌만 주고 모조리 대중에게
나누어 주었다.

필요한 것만 갖고
더 많이 갖지 말아라.

월혜 스님은 묘엄이 적은 것에 만족하고
대중과 함께 나누는 삶을 살면서,
깨달음으로 거침없이 나아가도록
각별히 당부하였다.

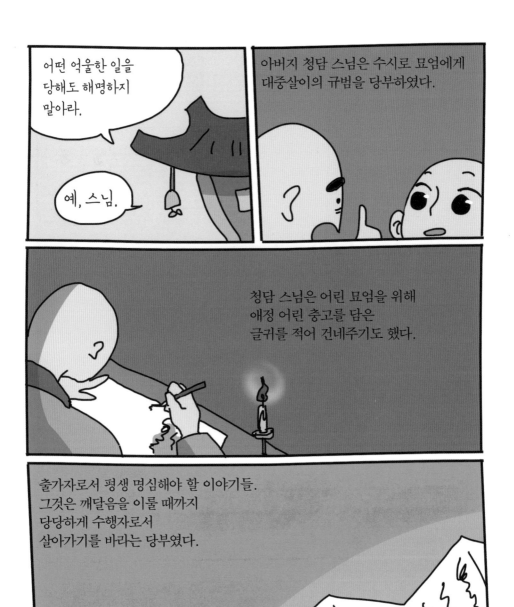

여느 비구니 스님들은 한가해지면 속가 시절 이야기나 출가하게 된 사연으로 시간을 보내곤 했다.

하지만 월혜 스님은 한 번도 그러지 않았다.

그만큼 월혜 스님은 말수가 적었고 빈틈이 없었다.

게다가 하나밖에 없는 상좌임에도 묘엄을 더 다그치고 냉엄하게 대했다.

연꽃 향기로 오신 묘엄 스님

연꽃 향기로 오신 묘엄 스님

이런 일이 또 일어나면
당장 쫓아내고 말 거야!

...

뭐하고 있느냐! 어서 이
양말 빨아서 널지 않고!

정말 억울했다.
누구 양말인지 확인도 하지 않고
무턱대고 묘엄의 잘못으로 몰아세운
은사스님이 참으로 야속했다.

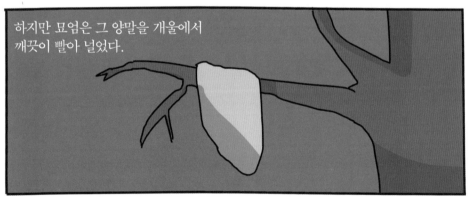

하지만 묘엄은 그 양말을 개울에서
깨끗이 빨아 널었다.

그러나 억울한 일은 계속 이어졌다.

묘엄아, 너 정말 어찌 이러니!!!

수돗가에 쌀알이나 채소잎이 조금만 떨어져 있어도 무조건 묘엄을 나무랐다.

마치 절에서 일어나는 잘못된 일이 모두 묘엄의 실수에서 비롯된 것처럼 보일 정도였다.

47

묘엄은 "저는 정말로 억울합니다.
제가 한 일 아닙니다."라는 말이
목까지 차올랐다.

그럴 때마다 묘엄은 청담 스님이 당부하신 말씀이 떠올랐다.

네가 모두 뒤집어써라.
억울하다면서
난 아니라고 결백을
주장하지 말아라.

묘엄은 참고 견뎌냈다.

그러던 어느 날, 묘엄은 대승사 쌍련선원에 갔다.

애야, 운필암 생활은 지낼만하더냐?

자운 스님

운필암이요? 너무 억울한 일을 당해서 못 살겠습니다.

잘못한 일이 있으면 무조건 제가
한 짓이라고 누명을 씌우니
너무 억울하고 힘듭니다.

묘엄은 그동안 가슴속에
쌓아두고 살았던 억울한 일들을
몇 가지 털어놓고 말았다.

….

저런! 세상에 그런 일이
있었단 말이냐?

그때였다.

연꽃 향기로 오신 묘엄 스님

네 이놈!
비구니 집안에서 일어난 일을
감히 여기가 어디라고
고자질하는 게냐!!

느닷없이 뺨을 맞은 묘엄은
손으로 얼굴을 감싸쥔 채
그저 멍하니 있었다.

한참 만에 침묵을 깨고 청담 스님이 말을 꺼냈다.

억울하다는 생각도 하지 말고
인욕과 하심이
제2의 성품이 되어야 한다.

청담 스님이 묘엄에게 개인적으로 가르치고자
한 내용의 핵심은 그녀가 수행자로서 부딪칠
고난을 극복해 나갈 수 있는 정신력을
키우도록 하는 것이었다.

명심하겠습니다.

앞으로는 아무리 억울한 일도 기꺼이 덮어쓰겠습니다.

그래, 잘 생각했다. 하지만 덮어쓰더라도 억울하다는 생각이 없어야 비로소 제대로 된 수행자라 할 것이야.

네, 스님. 명심하겠습니다!

묘엄은 참고 견디는 것이 또 하나의 성품이 될 때까지 정진하기로 다짐했다.

그 일이 있은 지 며칠 후

묘엄이? 참말로 신통한 아이지. 억울한 소릴 해도 변명 한 마디 없어.

미워서 그런 건 아니고, 큰스님 두 분 믿고 행여라도 으스댈까 걱정이 돼서 그런 거야.

그제야 묘엄은 성철 스님과 청담 스님 두 분의 그늘 아래서 교만해지지 않도록 하기 위한 은사 월혜 스님의 깊은 속뜻을 알게 되었다.

연꽃 향기로 오신 묘엄 스님

성철 스님 또한 실천을 통해 묘엄을 가르치는 스승이었다.
하루는 비구 스님의 승복을 만드는데
일손이 부족한 일이 생겼다.

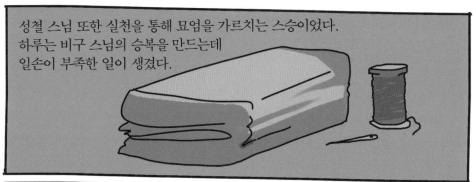

급한 마음에 일을 맡은
청안 스님은 윤필암
비구니 승려들의 도움을
받았는데

나중에 이 사실을 알게 된 성철 스님은 크게
노하여 그 가사를 입지 않겠다고 했다.

성철 스님은 누구에게도 자신의 일을 시키지 않았으며,
비구와 비구니 모두 독립적이고 청빈한 삶이 수행자의 기본임을
직접 몸으로 가르쳐주었다.

6

중학교 진학을 포기하고
참선 수행을 시작하다

묘엄은 윤필암 생활에 익숙해지면서 틈틈이
『사미니율의(沙彌尼律儀)』를 공부했다.

『사미니율의』는 사미니가 지켜야 할 열 가지 계율과 함께
절에서 살아가는 법을 세세히 일러놓은 규범집이다.

첫째, '삼보(三寶)를 공경하는 법'에는

하나, 항상 부처님을 공경할지니

지극한 정성으로 부처님께 절하며 전생의 죄업장을 스스로 참회하라.

둘, 항상 법보(法寶)를 공경할지니
도 닦는 데 마음을 두어 경전을 믿고 따르라.

셋, 항상 승가를 공경할지니
온화한 마음을 유지하고 지성으로 믿으라.

넷, 작은 일로 삼보를 버리려 하지 마라.

다섯, 불상을 지니고 더러운 곳으로 가지 마라.

연꽃 향기로 오신 묘엄 스님

여섯, 지저분한 신발을 신고 불전에나 탑 안에 들어가지 마라.

일곱, 출가하여 계를 받은 뒤부터
죽을 때까지 삼보를 생각해야 한다.

여덟, 아침저녁 예불할 적에
항상 원을 세우되, 세세생생에
남자로 태어나

어릴 때에 출가하여 삼보를
가까이 모시고, 공양하고, 받들어
섬길 것을 다짐하라.

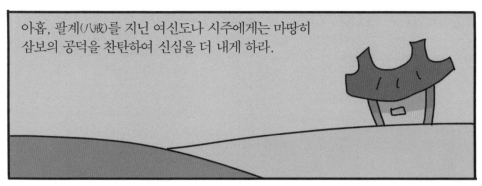

아홉, 팔계(八戒)를 지닌 여신도나 시주에게는 마땅히
삼보의 공덕을 찬탄하여 신심을 더 내게 하라.

열, 한 벌의 옷을
입을 때마다

한 그릇 밥을 먹을 때마다

한 모금 국을 마실 때마다

항상 부처님 은혜를 잊지 말지니

새 옷을 입거나 새 신을 신을 때에는

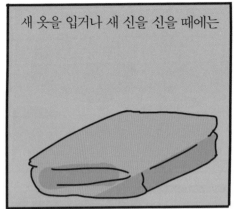

먼저 부처님께 예경하고

음식을 받았을 때는 먼저 부처님께 공양하여
항상 죄송한 마음으로 만족함을 알라.

이렇듯 『사미니율의』에는 사미니가 지켜야 할
생활 규범이 구체적으로 제시되어 있다.

연꽃 향기로 오신 묘엄 스님

그 뿐만 아니라 큰스님 공경하는 법, 스님 시봉하는 법, 시주 받는 법,
마을에 들어가는 법, 물건 사는 법 등 익히고 지켜야 할 까다로운 규범이
너무나 많았다.

묘엄은 정말 아득했다.

우선 당장 수백 가지나 되는 조항을 모조리
외워야 하니 난감했다.

그 가운데 여섯 번째 '대중과 함께 밥 먹는 법'만
우선 한 번 외워 보기로 했다.

'식사 때를 알리는 북소리를 듣거든 곧 웃옷을 정돈하라.'
부터 시작해서 '다른 사미니들에게 식사 시간이 아닐 때
먹게 하면 안 된다.'까지

'대중과 함께 밥 먹는 법'에만 무려 31가지의
엄격한 규범이 세세히 적혀 있었으니,

스님으로 살아가는 것이 얼마나 어려운 일인지
묘엄은 비로소 실감할 수 있었다.

성철 스님이 한 번은 서울에 다녀와 책 몇 권을 묘엄에게 건네 주었다.

묘엄아, 이 책들을 틈틈이 읽어야 한다.

불교가 어떤 종교인지 설명한 책이다. 염불만 해서는 제대로 된 승려 생활을 할 수 없어.

성철 스님이 준 책은 백용성 스님의 『각해일륜(覺海一輪)』, 한글로 번역한 『화엄경』 등이었다.

그러나 불교경전을 제대로 배운 일이 없고

우리글조차 간신히 터득한 묘엄이기에 한문 문장들은 이해할 수 없었다.

어떤 뜻인지 무슨 글자인지조차 알 수 없었던 것이다.

스님, 저는 너무 어려워서 못 읽겠습니다.

그 책이 어디가 어렵다는 것이냐?

연꽃 향기로 오신 묘엄 스님

한문을 배운 적이 없는데
어찌 읽을 수 있겠습니까?

학교에서 배우지 않았단 말이냐?

일본글, 일본말로만 배웠지
우리글과 한문은 익히지 못했습니다.

하, 이거 큰일 났구나.
묘엄아, 어깨 너머로 배운 우리말만으로는
경전은 못 본다.
한문 공부도 해야 경전을 제대로
볼 수 있는 거야.

안 배운 걸 어찌 알겠습니까. 스님, 제가 공부를 할 수 있도록 한글과 한문을 가르쳐 주세요.

허허, 이것 참 이 일을 어쩌나!

이제 겨우 어깨 너머로 한글을 배워 읽고 쓰게 된 묘엄으로서는 한문 경전을 본다는 것은 까마득한 일이었다.

그렇다고 참선 수행에 몰두 중인 청담, 성철 스님이 천자문을 가르칠 수도 없었다.

청담 스님과 성철 스님은 궁리를 거듭한 끝에 결론을 내렸다.

묘엄아, 너는 봄이 되면 진주 속가로 돌아가거라.

예에? 집으로 말입니까?

그래, 우선 집으로 돌아가 중학교를 마치고 형편이 허락한다면 대학까지 진학하거라.

우리나라도 이제 독립을 했으니 새로운 학문을 배워야 하는 거야. 그러니 너는 일단 돌아가서 신학문을 배운 다음 다시 오는 거야. 알겠느냐?

...

중학교 5년만 마치면 웬만한 실력을 갖출 테고, 대학까지 마친다면 더욱 출중한 비구니계의 지도자가 될 수 있을 거야.

다음 날부터 묘엄은 중학교 입학 공부를 시작했다.

성철 스님은 묘엄을 위해 손수 교재를 만들었다.

커다란 종이에 우리나라 5천 년 역사를 한눈에 알아볼 수 있도록 도표를 그리고, 칸칸마다 중요한 역사적 사건을 요약해서 써넣었다.

성철 스님은 참선 시간 외에는 묘엄에게
역사를 가르치며 진학 공부를 도왔다.

하루, 이틀, 사흘, 나흘… 성철 스님도 열정적으로 가르쳤지만,

우리나라 역사를 처음 배우는 묘엄도
정말 열심히 공부했다.

연꽃 향기로 오신 묘엄 스님

그러던 어느 날, 진주 속가에서 언니가
결혼했다는 소식이 날아왔다.

묘엄은 기쁘면서도
난감했다.

어머니도 일을 그만두시고 언니와 살고 계신데,
그렇다고 시집 간 언니에게 생활비와 학비를
기댈 수도 없다. 이대로 속가로 돌아가면 언니에게
큰 짐이 될 텐데 어쩌지?

묘엄의 마음에서 중학교에 가려던 결심이
점차 옅어졌다.

게다가 만일 속가에서 공부를
마친다 하여도 다시 돌아올
자신이 없었다.

결국 고민을 거듭하다 청담 스님과
성철 스님에게 마음속 이야기를 털어놓았다.

그래서 저는 중학교에 가지 않고
그냥 여기서 공부하고
수행하겠습니다.

묘엄이 진학을 단념한 채
속가로 돌아가지 않겠다고 하자,
청담 스님과 성철 스님도 더 이상
진학을 강요하지 않았다.

세속으로 돌아가 진학하는 것을 단념한 묘엄은 어른스님들의 말씀대로 도 닦는 공부를 제대로 하고 싶었다.

스님, 스님들께서는 공양만 드시고 나면 벽을 보고 돌아앉아 계시던데, 무엇을 하시는 건가요?

참선이라는 것이다.

사람이 오늘 죽을지 내일 죽을지 모르는 거야. 인생이란 그렇게 무상한 거지. 그래서 이렇게 살아가는 '나'라는 것이 과연 무엇일까, 그걸 살펴보고 연구하는 것이란다.

이제 열일곱 살이 된 묘엄이 이와 같은 참선의 세계를
이해할 리 없었다.

그런 묘엄을 지켜보고 있던
성철 스님이 어느 날 묘엄을 불렀다.

묘엄아, 이걸 받아라.

그리고 해인사 장경판에서 찍은 '능엄주'를 묘엄에게 주었다.

오늘부터 이걸 외우도록 해라.

이게 바로 여래의 정수라고 말하는 주문인데,
주문을 외우면 그 공덕이 한량 없는 거야.

이 주문을 외우거나 간직하기만 해도 나쁜 일이 범접하지 못한단다. 그리고 이 주문을 외우거나 다른 사람이 외우도록 가르치면 어떤 재난에도 보호를 받는다고 했지.

이 주문이 그렇게 신통하단 말입니까?

그래, 열심히 외우면 윤회를 벗어나는 도를 얻게 되고, 마음에서 어둠이 사라지게 될 것이야.

연꽃 향기로 오신 묘엄 스님

열심히 외워서 내 앞에서 그 주문을 암송하도록 해라. 알겠지?

예, 스님.

성철 스님이 전해 준 능엄주는 생전 처음 보는 데다가 소리내기도 힘들고 매우 길었다. 그걸 외울 생각을 하니 아득하기만 했다.

큰스님의 엄명이라 거역할 수도 없어 그날부터 묘엄은 모든 것을 걸고 능엄주를 외웠다.

묘엄은 잠자는 시간 외에는 오직
능엄주만 외웠다.

그렇게 7일 동안을 계속 외우다 보니
보지 않고도 외울 수 있었다.

처음 한두 번은 더듬거리고 막혔지만
계속 외우다 보니 막힘없이
술술 말하게 되었다.

묘엄은 떨 듯이 기뻐하며 대승사 쌍련선원으로
달려갔다.

스님,
능엄주를 다 외웠습니다.

벌써 다 외웠단 말이냐?
그럼 어디 한 번 외워 보거라.

예, 스님.

묘엄은 침을 한번 꿀꺽 삼키고 나서
두 눈을 지그시 감은 채 능엄주를 외우기 시작했다.

스타타가토스니삼 시타타파트람…

묘엄은 그 긴 능엄주를 한 번도 막히거나 더듬지 않고
술술 외었다.

… 반트라파다 스바하.

아주 잘 외웠구나.
그래, 무슨 일이든 그렇게 지극 정성으로 하면
안 되는 일이 없는 법이다.

자, 그럼 능엄주를 외웠으니
내친김에 능엄주 기도를 올리거라.

매일 하루에 108번씩
능엄주를 외우는 기도란다.

다음 날부터 묘엄은 길고 긴 능엄주를
매일 108번씩 외우는 기도에 들어갔다.

다른 스님들과 인사를 나누거나 대화할 여유도 없었다.

하루, 이틀… 어김없이 하루에 108번씩 능엄주 기도를 계속하다 보니

나중에는 점점 이력이 붙어 입 밖으로 소리 내지 않아도 능엄주가 되었고

…

며칠을 계속해 나가니 입속에서 저절로 능엄주가 되었다.

…

게다가 외우는 시간도 단축되어 한 번 외우는 데 단 3분도 걸리지 않았다.

한 생각을 일으키면 시공을 초월할 수도 있다던 큰스님들의 말씀이
과연 옳았다는 것을 묘엄은 능엄주 기도를 통해 실감할 수 있었다.

그해 여름, 청담 스님과 성철 스님은 윤필암에 찾아와서
윤필암 대중들에게 능엄주의 공덕을 힘주어 말씀하셨다.

이날부터 윤필암 대중들은 너나없이
모두 능엄주를 외우기 시작했고,

내친김에 삼칠일 능엄 기도를
올리기로 했다.

연꽃 향기로 오신 묘엄 스님

그해 추석을 지나고 나서 시작된 삼칠일 능엄 기도는
별 탈 없이 잘 되어가는 듯하더니

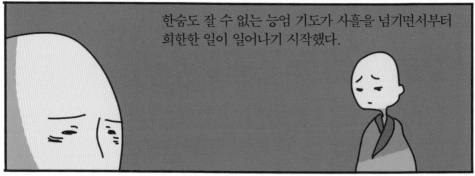

한숨도 잘 수 없는 능엄 기도가 사흘을 넘기면서부터
희한한 일이 일어나기 시작했다.

공양 시간에 입 안에 밥을 넣은 채
그대로 잠에 빠져드는 사람,

마루에서 나 죽겠다며 드러눕는
사람이 생겨났다.

21일 동안 계속되는 철야 기도는 사람의 한계를
넘어서는 일이었다.

하지만 천길 낭떠러지에 능엄주 한 줄에 매달린 듯
묘엄은 필사적으로 능엄주 기도를 올렸다

드디어 21일이 지나고 마지막 날 회향 불공을 올렸다.

그러고 나서도 묘엄은 저녁예불까지
마칠 각오로 버티고 또 버텼다.

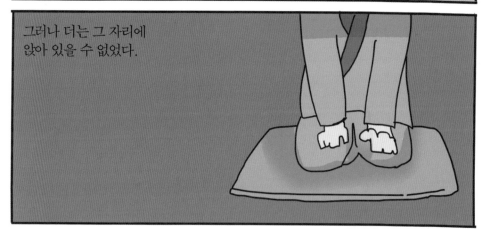

그러나 더는 그 자리에
앉아 있을 수 없었다.

연꽃 향기로 오신 묘엄 스님

이번 삼칠일 기도를 제대로 마친 사람은 월혜 스님과 묘엄이 너뿐이다!

능엄주력을 하면 만사형통하게 된다고 성철 스님이 말씀하셨는데,

끝까지 해냈다는 성취감이 모든 피로와 걱정을 잊게 하는 것 같았다.

하지만 고질병인 위궤양은
오히려 더 심해졌다.

삼칠일 기도가 너무 혹독한 탓이었는지
묘엄은 힘겹게 지내고 있었다.

먹기만 하면 생목이 올라오고 뱃속은 쓰리고 아팠다.
게다가 마음도 허전했다.
그럴수록 묘엄은 능엄주에 매달렸다.

그러던 어느날, 묘엄은 흰 옷을 입은 할아버지가
자신의 배를 갈라 썩은 살덩이를
도려내는 꿈을 꾸었다.

으악!!

그런데 이상하게도 그토록
쓰리고 아프던 뱃속이
편안해졌다.

무엇보다도 온몸에 말할 수 없는
생기가 감돌기 시작했다.

모두들 이구동성으로 능엄주력의 가피를 입은 덕분이라고 했다.

…!!

….!

또 묘엄은 능엄주 염불 수행법을 익혀
실천하는 중에 서예를 배우는 등
다양한 배움의 기회를 가지려 노력했다.

그러던 어느 날, 대승사에서 가사불사(袈裟佛事)가 있는 날이었다.

봐라, 묘엄아.

예, 스님.

오늘 대승사 가사불사에서 자운 스님이 법문을 하신단다.

성철 스님이 안 하시고요?

성철 스님이랑 청담 스님은 묵언 정진 중이시고, 홍경 스님은 출타 중이시라 자운 스님이 법문을 하시게 되었다는 것 같구나.

그러니 오늘은 묘엄이 네가 법상 밑에 앉아 있다가 자운 스님의 차 시중을 들도록 해라.

그날 묘엄에게 차 시중을 들도록 한 데에는 큰스님이 법문하시는 것을 자세히 보고 듣고 배우라는 깊은 뜻이 담겨 있었다.

묘엄은 윤필암 대중들과 함께 대승사로 갔다.

이날 가사불사의 법문을 맡게 된 자운 스님은 어딘가 어색하고 수줍어하시는 듯했다.

옛날에 부처님 당시에 금시조라는 새가 있었습니다.

법회를 마치고 묘엄과 일행은 윤필암으로 돌아왔다.

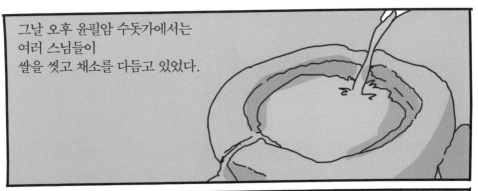

그날 오후 윤필암 수돗가에서는
여러 스님들이
쌀을 씻고 채소를 다듬고 있었다.

묘엄은 수돗가 옆 커다란 바위 위에 올라앉아
자운 스님이 법문하던 모습을 흉내 내기 시작했다.

옛날에 부처님 당시에
금시조라는 새가 있었습니다.

똑같아, 똑같아!!

어떻게 그렇게
흉내도 잘내니!

묘엄이 이렇게 자운 스님의 법문을
흉내 내느라 여념이 없을 때 청안 노스님이
수돗가로 다가오고 있었다.

!

하지만 묘엄은 다른 스승의 법문을 집중하여 들으면서
그 모습을 눈과 가슴속에 담았다.

그 사이 가랑비에 옷이 젖듯,
훗날 대중에게 훌륭한 법문을 하는 능력이
자라기 시작했다.

7

한국 근현대 불교사에서
최초로 식차마나니계를 받다

윤필암에서는 무더운
여름철이면 개울에 나가
목욕을 했고

겨울철에는 무쇠솥에 물을 데워
네 사람이 한 조가 되어 몸을 씻었다.

부지런한 사람은 큰 가마솥의 뜨끈뜨끈한 물을 퍼다가
수시로 목욕할 수 있었다.

다만 공양간의 더운 물을 퍼다 쓴 사람은 반드시 쓴 만큼
물을 부어 놓아야 했다. 그것이 윤필암의 불문율이었다.

그러나 깜빡 잊고 더운 물을 퍼다 쓰기만 하고 물을 부어 놓지
않으면 다음에 더운 물을 쓰려던 사람은 낭패를 당하기 십상이었다.

말도 안 돼! 자기만 쓰고
솥을 채워 놓지 않으면 뒷사람은
어쩌란 말이냐!

윤필암 대중들은 보름과 그믐에
삭발과 목욕을 하고 나면

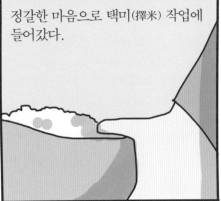

정갈한 마음으로 택미(擇米) 작업에
들어갔다.

택미 작업은 쌀을 밥상 위에 깔아 놓고
쌀에 섞여 있는 뉘, 돌 그리고 싸래기 등을 골라내는 것이다.

부처님께 올리는 마지에 행여 돌이나
싸래기가 섞여서는 안 되었다.

윤필암에서는 콩나물 기르는 콩도
밥상에 펼쳐 놓고 일일이 골라서 썼다.

연꽃 향기로 오신 묘엄 스님

도리깨질을 해서 콩을 수확했기 때문에 으깨진 콩도 있었고,

벌레 먹은 콩도 있었는데

이렇게 깨진 콩이나 벌레 먹은 콩은
따로 모아 두었다가 메주를 쑬 때
섞어서 사용했지 콩알 하나도
함부로 버리지 않았다.

묘엄도 추운 겨울 수각 가에서 미끄러져 쌀을 흘린 적이 있었는데,

수돗가에 있던 통나무까지 기어이
들어내어

쌀 한 톨을 일일이 주워야 했다.

그만큼 모든 것을 귀하게 여기고
알뜰하게 다루는 게 절 살림의 기본이었다.

어느덧 겨울이 지나고

해가 바뀌어 윤필암 옆 얼어붙은
개울 밑으로 물 흐르는 소리가
들려오기 시작했다.

묘엄은 이제 열여덟 살이 되었다.

일찍이 가야산 해인사에는 불교를 다시 크게 일으켜 세우겠노라며
큰스님들이 모여 들었다.

하지만 뜻이 맞지 않아 해인사를 떠나는 이들이 생겨났고

그중에 부처님 당시 영산회상에서처럼
법답게 살자고 뜻을 모은 스님들은

경상북도 문경 희양산에 있는
봉암사(鳳巖寺)로 모였다.

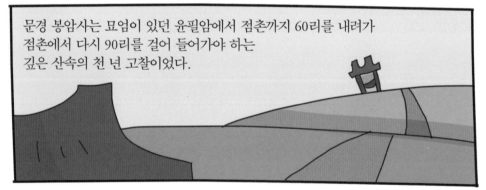

문경 봉암사는 묘엄이 있던 윤필암에서 점촌까지 60리를 내려가
점촌에서 다시 90리를 걸어 들어가야 하는
깊은 산속의 천 년 고찰이었다.

그런데 봉암사에서 뜻밖의 소식이 왔다.

묘엄은 내 상좌인데 어른스님들이
너무 마음대로 오라 가라 하시는구나.

스님, 무슨 일 있으세요?

연꽃 향기로 오신 묘엄 스님

너에게 식차마나니계를 설해야 하니 봉암사로 보내라고 하시는구나.

식차마나니계라니요?

말로만 들었지 나도 안 받아 봐서 잘 모른다.

그동안 우리나라에서는 없었던 건데, 봉암사 어른스님들이 부처님 당시의 영산회상처럼 여법하게 살자 해서 식차마나니계를 설하겠다 하시니 내가 어쩌겠나, 어서 다녀오거라.

묘엄은 월혜 스님의 허락을 얻고 멀고 먼 봉암사까지 가게 되었다.

연꽃 향기로 오신 묘엄 스님

식차마나니계란 간단히 말하면 비구니 후보자로서
2년 동안 6가지 규율을 받아 지키는 것이다.

열여덟 살이 된 사미니가 스무 살에
비구니계를 받기 전까지 2년 동안

음란한 생각이나 행동을 하지 말 것.

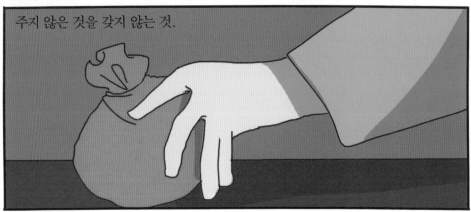

주지 않은 것을 갖지 않는 것.

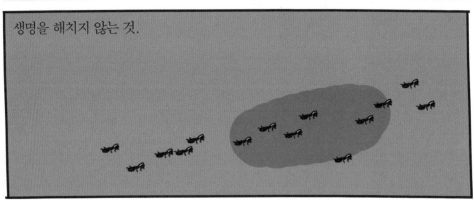

생명을 해치지 않는 것.

연꽃 향기로 오신 묘엄 스님

속이는 말을 하지 말 것.

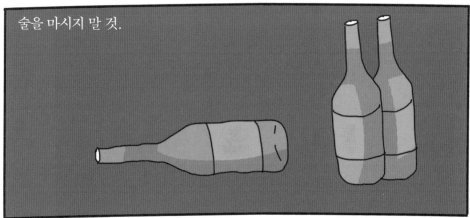

술을 마시지 말 것.

식사 때가 아닌 때에 먹지 말 것.

연꽃 향기로 오신 묘엄 스님

이 여섯 가지 계율을 철저히 지키며 비구니 생활을 감당할 수 있을 만큼
행(行)이 진실하고 견고한가를 시험하는 것이며,

행여 임신하고 있지는 않은지를 점검하는
단계였다.

그동안 한국에서는 식차마나니계가
있는 줄도 몰랐는데

자운 스님이 계율을 연구하여
봉암사에서 처음으로 시도하게 된 것이다.

그래서 묘엄은 봉암사에서 자운 스님을
계사로 식차마나니계를 받게 되었다.

자운 스님은 묘엄에게
육법계를 내리고 나서
말씀하셨다.

연꽃 향기로 오신 묘엄 스님

아버지 청담 스님도

성철 스님도

묘엄이 식차마나니계를 받은 것을
기뻐해 주었다.

이렇게 묘엄은 모범적인 비구니임을 인정받아, 자운 스님에게
근·현대 불교사에서 식차마나니계를 받은
최초의 비구니가 되었다.

8

대참회를 외우며
천 배를 올려라

봉암사에서 윤필암까지는 무려 150리 길.
묘엄은 그 먼 길을 걸어서 윤필암으로 돌아왔다.

봉암사 큰스님들은 부처님 당시의
승가정신을 살리기로
다짐했다.

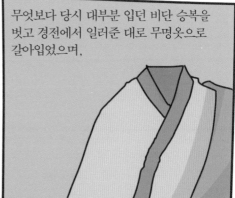

무엇보다 당시 대부분 입던 비단 승복을
벗고 경전에서 일러준 대로 무명옷으로
갈아입었으며,

민간의 무속신앙이 담겨 있는 산신탱화와 칠성탱화 등을 없애고 깨달음을 위해
오직 수행의 길을 걸어가자며   봉암사 청규를 정했다.

연꽃 향기로 오신 묘엄 스님

이런 봉암사에서 지내다 돌아온 묘엄은 스님들이 사소한 일로 시비를 벌이는 윤필암의 모습에 실망했다.

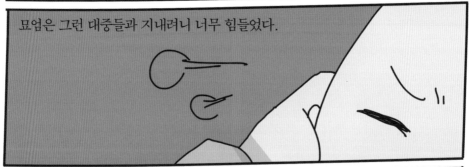

묘엄은 그런 대중들과 지내려니 너무 힘들었다.

봉암사의 큰스님들처럼 가슴을 크게 열고 철저한 수행 정진을 하고 싶었다.

나아가 우리의 불교를 위해 새로운 승풍을 세우고 싶었다.

연꽃 향기로 오신 묘엄 스님

연꽃 향기로 오신 묘엄 스님

스님, 저 혼자서 다녀오겠습니다.

그건 안 된다! 여기서 점촌까지 산길로 육십 리에 다시 점촌에서 봉암사까지 구십 리야.

너 혼자 어떻게 보내겠느냐? 노스님과 함께 가기 전에는 허락할 수 없다.

… 알겠습니다. 그렇게 하겠습니다.

하는 수 없이 묘엄은 노비구니 스님과 윤필암을 나섰다.

점촌까지 가자 묘엄이 꾀를 냈다.

스님, 이 근처에 가실 만한 곳이 있으신가요?

가은에 가면 아는 사람이 있긴 하지. 왜 그러니?

잘됐습니다. 그럼 제가 가은으로 가는 버스에 태워 드릴 테니 오랜만에 다녀오세요.

그럼, 너는?

저 혼자 봉암사에 얼른 다녀오겠습니다.

묘엄은 노비구니 스님을 가은행 버스에 태워 드렸다.

그러고는 혼자 부지런히 걸어 봉암사로 갔다.

묘엄이 인사를 올리자 청담 스님은 깜짝 놀랐다.

아니, 갑자기 무슨일로 왔니?

저… 큰스님들 법문도 듣고 공부하고 오라고 은사스님께서 보내셨습니다.

잘왔다. 윤필암은 어떠하냐?

늘 사소한 시비로 소란스럽지요.

그래도 잘 견뎌야 한다. 무슨 일이 있어도 자신을 낮추어야 한다.

예, 스님. 늘 명심하고 있습니다.

봉암사에서의 첫날은 그렇게 별탈 없이 잘 넘어갔다.

고단할 테니 가서 쉬어라.

예, 스님.

그런데 다음 날 뜻밖의 손님이 봉암사를 찾아왔다.
묘엄의 도반인 묘희의 아버지 여여 거사였다.

여여 거사님, 잘 오셨습니다.

묘엄 스님, 봉암사에서 뵙네요.

예, 거사님.

연꽃 향기로 오신 묘엄 스님

여여 거사가 방으로 들어가 청담 스님께 인사를 올렸다.

큰스님, 그동안 평안히 잘 계셨습니까?

거사님 덕분에 잘 지냈습니다. 우리 봉암사 살림을 여러모로 보살펴 줘서 고맙습니다.

스님, 송구스럽습니다. 그런데 어떤 일로 묘엄 스님을 불러들이셨습니까?

묘엄을 부르다니, 제가요?

네, 어제 운필암에 들렀더니
월혜 스님이 그러시던데요.
봉암사 큰스님이 묘엄 스님을
부르셨다고요.

정말 그렇게 얘기를 했단 말이오?

예, 스님, 저는 그렇게
들었습니다

청담 스님은 크게 노했다.
그냥 넘길 수 없는
일이라 묘엄을 불렀다.

연꽃 향기로 오신 묘엄 스님

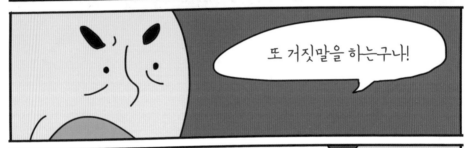

연꽃 향기로 오신 묘엄 스님

뭘 꾸물거리느냐!

지금 당장 내가 보는 앞에서 천 배 참회를 하란 말이다!

묘엄은 하는 수 없이 대참회를 외우면서 천 배를 올리기 시작했다.

그동안 백팔 배는 올려 보았지만.

한자리에서 연이어 천 배를 올리게 된 것은 이번이 처음이었다.

대참회 게송을
외우면서

그것도 노여움에 두 눈을 부릅뜨고 계신
청담 스님 앞에서

일 배, 일 배 참회의 절을 올리는 것은 참으로 고통스러운 일이었다.

백, 이백, 삼백…,
청담 스님은 바위처럼 버티고 앉아
딸 묘엄이 대참회를 외우면서 올리는
천 배를 지켜보고 있었다.

연꽃 향기로 오신 묘엄 스님

시간은 흘러 대참회 염불을 외면서 올리는
참회의 천 배는 네 시간이나 계속되었다.

묘엄의 양쪽 무릎에서는
피가 번져 나왔고

두 다리는 후들후들 떨리고 있었다.

태어나서 지금보다 더 고통스러웠던 적은 없었다.

연꽃 향기로 오신 묘엄 스님

그러나 묘엄에게는 억울하다거나 야속하다는 생각이 들지 않았다.

애초에 거짓말을 하지 않겠다는 맹세를 하지 않았던가.

지키겠습니다.

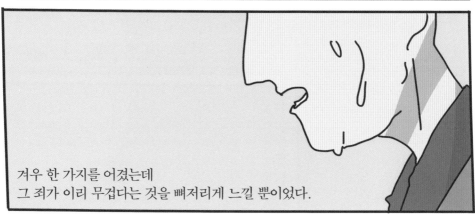

겨우 한 가지를 어겼는데
그 죄가 이리 무겁다는 것을 뼈저리게 느낄 뿐이었다.

출가 수행자가 되겠다면서 부처님 앞에서
사미니계 열 가지를 맹세하지 않았던가!

그 후 다시 식차마나니계를
받을 때도 여섯 가지 계율을
결코 어기지 않겠노라 맹세했다.

그런데 한순간이었다.

계율을 받기는 쉬웠으나
지키기는 어려웠고

계율을 범하기는 쉬웠으나
참회는 너무나 어려웠다.

그저 봉암사 큰스님의 회상에서 공부하고 싶었을 뿐이었다.
소박하고 간절한 마음이 가져온 단 한 번의 거짓말로
천 번의 참회의 절을 올린 묘엄은

이 일을 계기로 더 성숙해진 수행자가 되었다.

연꽃 향기로 오신 묘엄 스님

천 배의 참회를 올린 뒤 묘엄은 윤필암으로 돌아갔고

스승들은 봉암사 결사에 참여하고 싶었던 묘엄의 마음을
알게 되었다.

이후 봉암사 근처에 있는 백련암에서 결사에 참여할 수 있게 하였다.

당시 한국 불교는 일본의 식민지 불교 풍토에 물들어 타락해 있었다.
이에 봉암사 결사는 승풍을 바르게 세우기 위해 출발했고

한국 불교의 청정 비구 승가
전통을 되살리고자 다짐했다

그리고 청담과 성철, 자운 스님은
비구니들의 교육 문제도 논의하고

미래 비구니 지도자를 기르기 위해 뛰어난
비구니를 선발해 교육시킬 것에 동의했다.

그리하여 묘엄을 비롯한
다섯 명의 비구니 승려가
결사에 참여하게 되었다.

9

탁발 수행

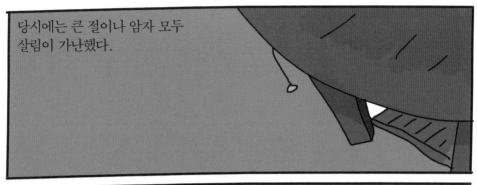

당시에는 큰 절이나 암자 모두
살림이 가난했다.

비구든 비구니든 식량이 떨어지면
걸망을 메고 탁발을 나가야만 했다.

묘엄은 출가하기 전부터 스님들의
탁발을 이해할 수 없었다.

그런 건 거지들이나 하는 구걸인데
스님들이 왜 하는 거지?

그런데 막상 절에 들어와 보니 스님들이 탁발 나가는 일은 일상이었고,

아무도 부끄럽게 여기지 않았다.

그러나 묘엄은 부끄러웠다.

그래서 하루는 청담 스님께 여쭈어 보았다.

스님, 저는 스님들이 마치 거지처럼 동냥하는 것을 이해할 수 없습니다.

연꽃 향기로 오신 묘엄 스님

밥 한 술을 얻어도

공손히 허리를 굽혀야 하니 탁발은 저절로
수행자를 겸손하게 만들어 주지.

농부들이 얼마나 공들여 농사지었겠느냐?
그러니 한 톨의 양식 앞에서
미안하고 고마운 줄 알아야 하는 법이다.

연꽃 향기로 오신 묘엄 스님

이런 마음은 탁발을 나가야 알게 된다.
탁발이라는 것은 쉽지 않은 일이다.

다리는 아프지
어깨는 무겁지
배는 고프지

...

스스로 깨닫고
이겨내야 하지.

하지만 공덕도 있다.
탁발을 함으로써 남에게
베푸는 마음을
기를 수 있거든.

묘엄아, 언젠가 묘관음사에 있었을 때
내가 성철 스님, 향곡 스님과 셋이서
바닷가 마을로 탁발을 나갔었다.

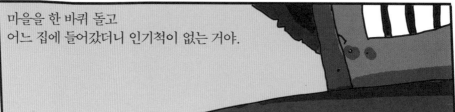

마을을 한 바퀴 돌고
어느 집에 들어갔더니 인기척이 없는 거야.

아무리 소리쳐도 대답이 없었지.

계세요!!

끄응…

소리가 나서
방문을 열어보니
병든 노인이 혼자
누워 있었지.

우린 하루 종일 탁발한
양식을 그 집에
주고 가자고 마음
먹었어.

하지만 방엔 양식을 놓고 갈 그릇도 없었단다.

마침 부엌에는 솥이 있었어. 그런데 밥을 지어 먹은 흔적도
없더구나. 그래서 그 솥을 깨끗이 닦고
양식을 넣어 두었다.

혹시 집주인이 모르고 솥에 물을 부어버릴까 봐
솥뚜껑을 반쯤 열어놓은 채로 말이다.

탁발을 하다 보면 그런 일들이
종종 있단다.

비록 그날 저녁은 우리 모두 굶었지만
마음속에 더 많은 양식을 채웠단다.

그해 겨울, 묘엄은 묘희와 함께 탁발을 나가게 되었다.

그동안 배우고 익힌 「사미니율의」에는 시주를 받으러 가는 법 등이
조목조목 적혀 있었다.

속가 사람들과 한 자리에
앉지 마라.

두리번거리지 마라.

여자 하인과 사사롭게
말을 나누지 마라.

불필요한 수다를 떨지 말고, 지혜를 자랑하여
사람들의 존경을 받으려 하지 마라.

술자리에 어울리지 말라.

편지를 주고 받거나
물건을 빌려서도
안 되며

한 공간에 남자와 둘이서만
함께 앉아 있거나
이야기를 하지 마라.

속인들에게 선사품을 보내거나
수양부모나 의남매를 맺지 말라.

밤에 다니지 말라 등 지켜야 할
규범이 너무나 많았다.

연꽃 향기로 오신 묘엄 스님

시주를 받을 때는 경험이 있는 도반과 함께 가며
함께 갈 사람이 없으면 갈만한 데를 알아야 한다.

남의 집 앞에서는 형편을
살펴보아 체면을 잃지
않도록 한다.

여인이 없는 집엔 들어서지 말고, 스님에게 음식을 대접하면
복을 받는다고 말하지 말라.

달라고 조르지도 말며

낯익은 사람이나 낯익은 암자에만 찾아가서는 안 된다. 등
탁발할 때 지켜야 할 것도 매우 많았다.

그뿐만이 아니었다. 탁발을 하기 위해 합장 인사를 한 후
「반야심경」 독경을 하는데 시주를 하지 않는다 해서
도중에 그만두어서는 안 된다.

시주를 받든 못 받든 독경은 끝까지 마치고
합장 인사를 공손히 한 뒤 그 집을 나와야 한다.

시주와 관계없이 언제 어디서나
한결같이 안온한 얼굴로
사람들을 대해야 한다.

연꽃 향기로 오신 묘엄 스님

금기 사항으로는 해가 져 어두워지면 더는
탁발을 해서는 안 되었다.

처음으로 탁발을 나온 날은 솜옷을 두툼하게 입고
융으로 만든 목도리를 목에 감았는데도 찬바람에
이가 떨릴 지경으로 추웠다.

연꽃 향기로 오신 묘엄 스님

함창이라는 마을에 도착했을 때였다.
추수가 끝난 지 얼마 되지 않아 집집마다 여유가
있었던지 인심이 후했다.

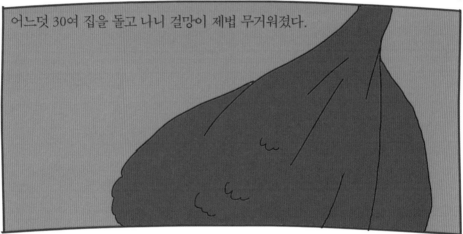

어느덧 30여 집을 돌고 나니 걸망이 제법 무거워졌다.

그렇게 탁발을 마치고 묘엄과 묘희는 점촌을 향해 지친 발걸음을 옮겼다.

함창에서 점촌으로 가는 길에
다리가 있었는데 그 아래
가마니로 바람을 막고 사는
걸인들이 있었다.

그들을 보는 순간 묘엄은
자신의 수행을 시험하려고
나타나신 문수보살일지도
모른다고 생각했다.

하아

묘희야.

네, 스님.

148

연꽃 향기로 오신 묘엄 스님

이봐요, 우리가 곡식을 드릴 테니 담을 그릇 좀 주세요.

아니, 스님들이 왜 저희에게…

저희는 괜찮으니 어서 받으세요.

아이구, 스님들은 어쩌시려고 시주 받은 양식을 우리에게 주십니까?

연꽃 향기로 오신 묘엄 스님

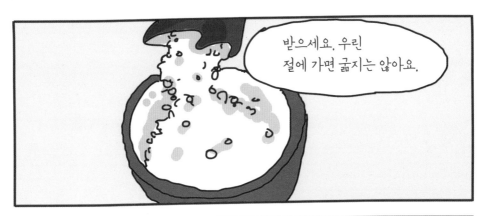

받으세요. 우린
절에 가면 굶지는 않아요.

스님들께 시주를
해야 하는데
오히려 우리가 받다니요.

자, 그럼 건강하게
지내세요.

힘들게 탁발한 곡식을 모두 주고
돌아서는 둘의 걸음걸이가
너무나 가벼웠다.

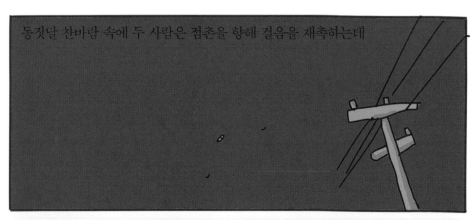

동짓달 찬바람 속에 두 사람은 점촌을 향해 걸음을 재촉하는데

...!

스님, 왜 그러세요?

저기 좀 봐라.
얼마나 춥겠냐.

연꽃 향기로 오신 묘엄 스님

스님이 하자는 대로 하겠지만 정말 내복을 벗어 주고 가시려고요?

그래야 할 것 같구나.

두루마기를 벗어 이쪽 좀 가려라.

네, 스님.

아…스님.

끼니도 거르신 것 같은데
따뜻하게라도 입어야 할 것 아닙니까?

묘희야, 가자.

감사합니다.

한겨울 찬바람에 온몸이 떨려왔지만 기분은
콧노래를 부르고 싶을 만큼 가볍고 상쾌했다.

10리를 더 걸어 도착한 묘희 스님의 고향집에서 따뜻한 물을 마셨다.
얼어붙었던 온몸이 녹는 것 같았다.

이왕 점촌까지 나온 김에
큰스님이 계시는
봉암사를 찾아갔다.

순호 스님을 뵙자
묘엄은

첫 탁발이 …

걸인에게 보시한
이야기를 기쁘게
들려드렸다.
그러자
청담 스님이
말했다.

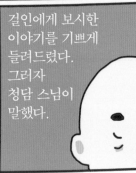

잘했다. 하지만 주었다는 생각을
마음에 담아 두지 말아라.
'무주상보시'라고 하는 것,
알고 있느냐?

앞으로는 누굴 도와줬다,
좋은 일 했다는 그런 생각도 없이
해야 한다. 묘엄아.

묘엄은 또 한 가지 따뜻하고 포근한 가르침을 받았다. 참으로 부처님의 법은
깊고, 넓고, 포근하며 오묘하다는 것을 실감했다.

예, 스님.

10

'이 뭐꼬?'를 놓지 마라

다음 해 청담 스님과 성철 스님으로부터 전갈이 왔다.
참선 수행을 시킬 것이니 묘엄을 봉암사로
보내라는 내용이었다.

참선 수행이라 …

묘엄은 바로 책과 의복을
챙겨 걸망에 짊어지고
봉암사로 떠났다.

큰스님!

저왔습니다!!

연꽃 향기로 오신 묘엄 스님

백련암은 산속에 홀로 떨어져 있는 작은 암자였다.
조선 고종8년에 유겸 스님이 중수했는데

묘엄은 바로 이곳에 머물면서 매일 봉암사
큰절에 와서 공부하러 다녀야 했다.

묘찬, 묘찬의 여동생 묘명 그리고 지원,
재형이라는 비구니 스님들이 함께 살게
되었는데…

묘찬 스님은 경남 마산에서
초등학교 교사였다가 출가를 했다

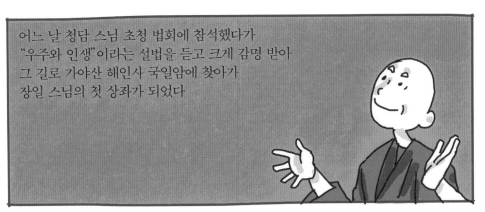

어느 날 청담 스님 초청 법회에 참석했다가
"우주와 인생"이라는 설법을 듣고 크게 감명 받아
그 길로 가야산 해인사 국일암에 찾아가
장일 스님의 첫 상좌가 되었다

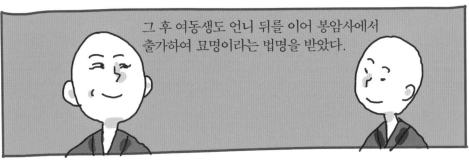

그 후 여동생도 언니 뒤를 이어 봉암사에서
출가하여 묘명이라는 법명을 받았다.

당시 봉암사에 계셨던 큰스님들은 장차 이 나라의 비구니계를
제대로 키워야 한다고 뜻을 모으고, 몇 명을 철저히 수행시켜
비구니계의 지도자로 만들자는 계획을 세우고 있었다.

이 무렵 우리나라는 해방 후 혼란기를 겪고 있었다.

민주주의와 공산주의, 찬탁과 반탁 등 세상이 갈등으로 가득한 시기였다.

봐라. 공산주의라고 하는 것은 종교를 인정하지 않고 있다.

만약에 공산주의자들이 내려와서 종교를 갖겠다면 죽이고, 버리면 살려주겠다고 한다면 어떻게 하겠느냐?

연꽃 향기로 오신 묘엄 스님

옛날 신라시대 때
선덕여왕이 자장 율사에게 환속하여
관직에 앉으라고 명을 내렸지.

이에 율사는 글을 지어 답했단다.
"부처님 계율 지키며 하루를 살지언정 계율을 어기고 백 년을 살고 싶지는 않습니다."

스님, 우리도 자장 율사처럼
그런 각오로 살면 됩니다!

정녕 그렇게 살 각오를
세울 수 있겠느냐?

그 자리에 있던 비구니 모두가 자장 율사처럼 어떠한 상황에서도 계율을 지키고 부처님 법을 따를 것이라는 다짐을 가슴에 새겼다.

이념에 대해 잘 알지 못했지만 출가 수행자의 길을 선택한 이상 죽을 때까지 이 길을 걸어가겠다는 것이 백련암 비구니들의 일치된 생각이었다.

이념을 초월하여 수행자의 길을 가겠습니다.

봉암사 수행자들은 매일 자장 율사의 시를 합송했다.
한 목소리로 나오는 그 결의는
자못 비장하기까지 했다.

하지만 봉암사의 생활은 너무나 가난했다. 아침에는 멀건 국 한 그릇이고,
점심과 저녁에는 꽁보리밥 한 숟가락이 전부였다. 그렇지만 그 가난을
자랑스럽게 여겼다.

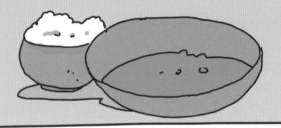

청담 스님과 성철 스님은 젊은 수행자를
본격적으로 가르치기 시작했다.

성철 스님은 특히 소욕지족과
안빈낙도의 수행정신을 가르쳤다.

수행자의 삶에 대한 가르침도 있었다.
옛날 중국에 양기방회 선사가
산속에 띠집을 짓고 살았는데

집이 헐어서 지붕이 휜희 뚫려
눈이 오면 방으로 그대로 내려 침상에 흩어졌는데
달빛에 보니 침상의 눈이 반짝반짝
하여 마치 진주를 뿌려 놓은 것
같더라고 하며 즐거워했다는
이야기도 들려주었다.

그런데 도인이 산다는 소문을 듣고
강피에 사는 사람들이 계속
찾아오자 양기 선사는 다른 곳으로
집을 옮겨 더 깊은 산속으로
들어갔다.

인적이 없는 곳에서 오로지 자신을
들여다보며 수행에만 매진했다고 한다.

스님들은 어쩌면 이토록 철저하게 인정을 끊고 확철하게 공부를 하셨을까?

정말 대단해! 어쩌면 이토록 철저할 수 있지?

하루는 묘엄을 불러 앉히고 하나의 화두를 내려 주었다
"만법귀일 일귀하처(萬法歸一 一歸何處)."

마음으로
돌아갔다고?

예, 스님.

연꽃 향기로 오신 묘엄 스님

연꽃 향기로 오신 묘엄 스님

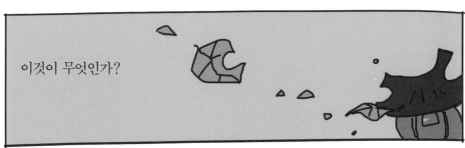

이것이 무엇인가?

이것이 무엇인가?
이게 뭘까?
이것?
이것은 지금 나,
그러니까 예전에는 이인순.
지금은 묘엄이라 불리는 나.
그런데 그런 나는 과연 뭘까?

이름이 나인가?
얼굴이 나인가?
머리가 나인가?
몸뚱아리가 나인가?

도대체 나란 무엇인가?
이것은 대체 무엇일까?

이 뭐꼬, 이 뭐꼬, 이 뭐꼬…
도대체 답을 찾을 길이 없구나.

연꽃 향기로 오신 묘엄 스님

하루는 봉암사에 새로운 사미니가 들어왔다.

묘엄이 사미니의 삭발을 하게 되었는데 여성의 아름다움을 상징하는
긴 머리카락이 세숫대야에 어지럽게 담기는 모습을 보며
여성에서 출가 수행자로 새로 태어나는 그녀가
장하기도 하고 안타깝기도 했다.

삭발이
다 끝났습니다.

연꽃 향기로 오신 묘엄 스님

그때 갑자기 나타난 성철 스님이 방금 삭발을 한 예비 사미니의 멱살을 잡았다.

너는 이제 속인도 아니고
계를 받지 않았으니
중도 아니다!
그럼 도대체
너는 무엇이냐!!

네? 전 …

꾸욱

연꽃 향기로 오신 묘엄 스님

묘엄은 얼른 그 자리를 떠나 개울물에 손을 씻으러 갔다.

성철 스님에게 멱살을 잡혀 졸지에 혼난 예비 사미니도 얼굴을 씻으러 개울가에 왔다. 묘엄이 조용히 물었다.

뭐라고 대답하려고 했어?

'행자입니다'라고 말하려 했어요.

그건 틀린 것 같아.

연꽃 향기로 오신 묘엄 스님

성철 스님은 그랬다. 당신들이 가르치는 제자들에게 선기를 싹트게 하고,
선근을 심어주기 위해 참으로 기상 천외한 방법을 썼다.

이날 묘엄은 예비 사미니가 했던 '행자입니다'라는 말은 틀렸다고 하면서도
자신만의 답을 내놓지 못해 부끄러웠다.

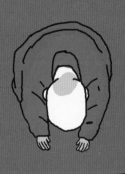

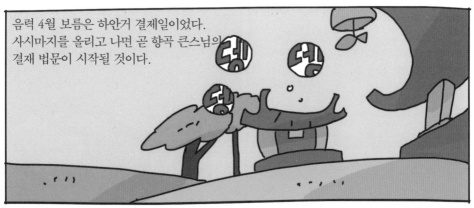

음력 4월 보름은 하안거 결제일이었다.
사시마지를 올리고 나면 곧 향곡 큰스님의
결재 법문이 시작될 것이다.

운집종이 울리면
큰 방으로 빠짐없이 모여야 했다.
큰 방의 가운데 문은 큰스님들이
드나드는 문이고 아랫문과 윗문은
비구스님들이 드나드는 문이며 보살이나
사미니들은 뒷문을 이용해야 했다.

묘엄은 뒷문으로 들어가려다
문득 걸음을 멈추었다.
아무래도 오늘 결재 법문에서
심상치 않은 일이 일어날 것만 같았다.

선 수행을 하는 큰스님들은
격외법문을 하는데, 그것이 참으로
기상천외한 행동이라 초심자들에게는
이해는커녕 충격과 공포로
다가올 수도 있었다.

주장자가 날아오거나

말해 보아라.

주먹이나 발길질이 날아오기도 하니 어찌 무섭지 않겠는가?
언젠가 묘엄은 성철 스님에게 물어 본 일이 있었다.

스님, 만일 맞기만 하고
깨치지도 못한다면
그럴 때는 어떡합니까?

그럴 땐 도망치는 게
제일이다. 달아나서
숨어버리거라.

묘엄은 뒷문으로 들어가지 않고 앞쪽 아랫문 앞에 신발을 찾기 쉽게 벗어놓고 방에 들어가 앉았다

이윽고 향곡 큰스님이 결재 법문을 시작했다.

모든 부처는 다 내 원수이니…

말해라.

이게 무슨 뜻이냐?

아이고!

네가 말해 봐라!

연꽃 향기로 오신 묘엄 스님

억수로 쏟아지는 비를 맞으며,
정신없이 달리다 보니 보리밭까지 갔다.

시간이 얼마나 흘렀을까?

연꽃 향기로 오신 묘엄 스님

묘엄은 조심스럽게 봉암사로 돌아갔다.

봉암사 앞마당에서는 기이한 일이
벌어지고 있었다.

성철 스님과 향곡 스님이 비를 흠뻑 맞아가며
맨발로 마당에서 어깨동무를 하고 있었다.

연꽃 향기로 오신 묘엄 스님

연꽃 향기로 오신 묘엄 스님

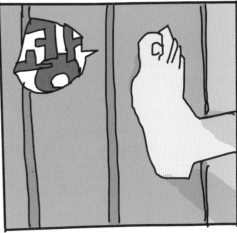

성철 스님은 갑자기 향곡 스님을 대문 밖으로
끌어내 던져 버렸다.

그리고 성철 스님은　대문을 닫고　빗장을 채웠다.

너무 순식간에 일어난 일이라 봉암사 대중들은 모두 숨을 죽였다.

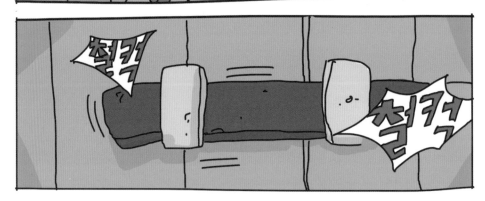

성철 스님이 말했지만 누구도 감히 나서서 대문을 열어 주려 하지 않았다.
그랬다가 또 무슨 엉뚱한 불호령을 당할지 모르기 때문이다.

성철 스님은 빗장을 살짝 열어둔 채
그 앞에서 돌을 들고 지키고 서 있었다.

향곡 스님이 잠긴 줄 알았던 대문을 밀치니 왈칵 열렸고
순간, 성철 스님이 던진 큰 돌이 향곡 스님의 배에 맞고
그대로 발등에 떨어졌다.

연꽃 향기로 오신 묘엄 스님

대중들은 모두 '악' 소리를 낼 뻔했다.
그러나 신기하게도 향곡 스님은
아무렇지도 않다는 듯 성철 스님과
어깨동무를 하고 한바탕 크게 웃는 게 아닌가!

호쾌한 웃음소리가 봉암사 가득 쩌렁쩌렁 울렸다.
봉암사 대중들은 넋을 잃고 두 스님의 기이한 모습을
바라보고 있었지만

'나'라는 틀을 완전히 부숴버린 큰 스승의 가르침
앞에서 묘엄은 머리에 큰 돌을 맞은 것 같았다.
자신도 모르게 묘엄은 점점 커지고
단단한 그릇이 되어 가고 있었다.

연꽃 향기로 오신 묘엄 스님

11

생사의 기로에서 지킨 계율

묘엄아, 이 봉암사는 신라 구산선문(九山禪門)가운데 이름을 드날린 희양산문의 (曦陽山門) 본산이다.

천백여 년 전 신라 헌강왕5년, 자증 국사가 창건하셨고, 고려태종 18년에 정진 국사가 중창하셨지.

지금 이 절에 남아 있는 두 탑비가 바로 자증 국사와 정진 국사의 탑비란다.

그리고 지금도 서 있는 저 삼층석탑은 나라의 보물이다.

연꽃 향기로 오신 묘엄 스님

그럼 천 년 전에
세워진 절이군요.

그건 아니다.

지금으로부터 270여 년 전, 조선 현종15년에
불타버린 절을 신화 스님이 다시 세웠고,
30여 년 전 세욱 스님이 중건하셨다.

연꽃 향기로 오신 묘엄 스님

그리 오래된
절은 아니네요?

그런 셈이지. 하지만 고려 때
지눌 보조국사가 수행하셨고,
조선 세종 때 배불정책이
기승을 부릴 때에도 함허득통 스님께서
선풍을 드날리신 곳이다.

묘엄이 네가 이 봉암사에서
수행해야 할 이유를 알겠지?
장차 비구니계의
큰 별이 되려면 이 절처럼
어떤 시련도 극복해
내야 한다

예, 명심하겠습니다.

1949년 봄. 부처님 오신 날 법회를 마치고
백련암의 비구니들은 모두 산나물을 뜯으러 나섰다.
묘찬, 묘명, 지영, 제영, 그리고 묘엄까지 다섯이었다.

고사리를 꺾고, 다래순을 따고
나물을 뜯으며

한 걸음 한 걸음
산속으로
흩어졌다.

산나물을 뜯다 문득 섬뜩한 느낌에 고개를 들었다.
깊은 산속 홀로 버려진 것만 같아 두리번거렸는데

연꽃 향기로 오신 묘엄 스님

흙투성이 옷에 얼굴에는 숯검정이
잔뜩 묻은 사내가 묘엄에게 다가왔다.

그 자리에 서!!

왜 그러세요?

연꽃 향기로 오신 묘엄 스님

가자면 갈 것이지 무슨
잔말이 이렇게 많아?

척

끝까지 버티겠다면
목숨을 내놓든지…

순간 묘엄은 눈앞이 캄캄했다.
아무것도 보이지 않고
아무 소리도 들리지 않았다.

잘 들어! 북조선은 아주 잘산다. 남조선처럼 끼니 걱정하지 않아.

묘엄은 동료들에게 이 위기 상황을 알려야겠다는 생각에 크게 소리 질렀다.

나는 못 간다! 총으로 위협해도 가지 않겠다!

차라리 날 죽여라!!

입 다물어! 어서 앞장서 걸어!

그때였다.

묘엄아, 무슨 일이냐?

묘찬 스님이 나타났다.

아, 묘찬 스님. 이 사람이 저를 북으로 끌고 가겠대요.

묘엄보다 여섯 살 위인 묘찬 스님은 침착하게 나섰다.

차라리 날 데려가라. 이 아이는 안 된다.

묘엄아, 내 쪽으로 붙어서라.

연꽃 향기로 오신 묘엄 스님

아, 이제
꼼짝없이
죽겠구나.

하지만 나는
수행자다.
비굴하게
살 수는 없다.

정말 대단한
의지를 지닌
여승들이구만!

스님들, 정말
죄송 하게
되었습니다.

연꽃 향기로 오신 묘엄 스님

연꽃 향기로 오신 묘엄 스님

세상에! 그런 일이 있었구나. 다친 데는 없고?

네.

네.

음, 시국이 점점 불안해지고 있다. 여기는 아무래도 안심이 안 되니 떠나는 것이 좋겠다.

어디로 가라는 말씀이십니까?

묘엄과 지원이, 재영은 윤필암으로 돌아가고,

묘찬, 묘명은 해인사 국일암으로 가도록 해라.

연꽃 향기로 오신 묘엄 스님

윤필암으로 돌아온 묘엄은 매일
봉암사 백련암에서 하던 대로
「능엄주」를 염송했다.
그리고 성철 스님이 내려주신 화두
'이 뭐꼬?'를 열심이 참구했다.

그러나 청담 스님과 성철 스님의 가르침을 받지 못하니
공부가 제대로 되는 것 같지 않아 마음이 편치 않았다.

그로부터 얼마 후 두 스님도 빨치산의
잦은 출몰 때문에 견디지 못하고
봉암사를 떠났다는 소식이 윤필암으로
전해졌다.

묘엄은 배운 대로
「이산혜연 선사 발원문」을 지성으로
염송하며 큰스님의 가르침을
실천했다.

그것을 염송하고 있노라면 자칫 해이해지기 쉬운
수행 자세가 바로 잡히는 것 같았다.

시방 삼세 부처님과 팔만사천 큰 법보와
보살 성문 스님들께 지성으로 귀의하옵나니,
자비하신 원력으로 굽어 살펴 주옵소서.

연꽃 향기로 오신 묘엄 스님

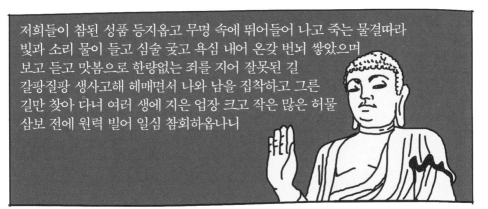

저희들이 참된 성품 등지옵고 무명 속에 뛰어들어 나고 죽는 물결따라
빛과 소리 물이 들고 심술 궂고 욕심 내어 온갖 번뇌 쌓았으며
보고 듣고 맛봄으로 한량없는 죄를 지어 잘못된 길
갈팡질팡 생사고해 헤매면서 나와 남을 집착하고 그른
길만 찾아 다녀 여러 생에 지은 업장 크고 작은 많은 허물
삼보 전에 원력 빌어 일심 참회하옵나니

바라옵건대 부처님이 이끄시고 보살님들이
살피셔서 고통의 바다 헤어나서
열반의 언덕 가겠습니다.

청담 스님과 성철 스님의 가르침을 직접 받을 수 없는
상황에서 묘엄을 지탱해 주는 것은 매일 염송하는
「능엄주」와 「이산혜연 선사 발원문」이었다.

그러던 어느 날 대승사에 다녀온 한 비구니스님이
가쁜 숨을 쉬며 윤필암으로 달려왔다.

삼팔 선이 터졌다!!

윤필암은 깊은 산중에 있어 세상 일이 어떻게
돌아가는지 모르고 있다가 한국 전쟁이 일어난
며칠 후에야 소식을 듣게 되었다.

밤에 윤필암 홍각에 올라 멀리 바라보면 빨간 빛을 뿜으며
총탄이 이리저리 날아다니는 것을 볼 수 있었다.

208

팔공산 근처에서는 밤낮을 가리지 않고 총소리와
포탄이 터지는 소리가 들렸다.

저기 빨갛게
날아가는 게 총알이래.

우리도 어서
피해야 하지 않아?

어느새 인민군은 전라도까지 점령하고
이제 남은 것은 대구와 부산뿐이라는
소식이 전해졌다.

그리고 또 며칠이 지나자 묘엄의 속가가 있는
진주도 공산군에게 빼앗겼다는 소식이 들렸고
이젠 절 밖으로 나갈 수도 없었다.

며칠 후 은사 월혜 스님이 대승사에 다녀오더니 더 불길한 소식을 전했다.
인민군이 젊은 사람은 남녀를 가리지 않고 모조리 끌고 간다는 것이었다.

큰 방 천장 위에서
숨어 지내는 게
어떻겠느냐?

천장 위에요?

그 수밖에 없다.
시키는 대로
하거라.

서둘러 장독을 딛고 천장으로 올라갔다.
두툼한 솜이불을 바닥에 깔아
삐걱거리는 소리가 나지 않게 했다.

연꽃 향기로 오신 묘엄 스님

천장에 올라가 구멍을 막자 노비구니 스님들이 독을 치웠다.
다행히 큰 방 높은 천장 위에 비구니들이
숨어 있으리라고는 아무도
생각하지 않았다.

대승사의 사판승 주지 김철 씨가 자신의 딸도 숨겨달라고 하여
네 명이 천장 위에 숨어 지냈다. 좁은 천장에서
하루 종일 견디는 일은 너무나 힘들었다.

스님, 천하 방이
낮엔 찜통이
됩니다.

천하 방?

묘엄은 천장 위의 다락방을 하늘 아래
방이라는 뜻으로 천하 방이라 불렀다.

그래도
「능엄주」를
외우는 시간엔
더위를 잊습니다.

211
연꽃 향기로 오신 묘엄 스님

> 그래, 인민군에게
> 끌려갈 수는 없으니
> 조금만 참거라.

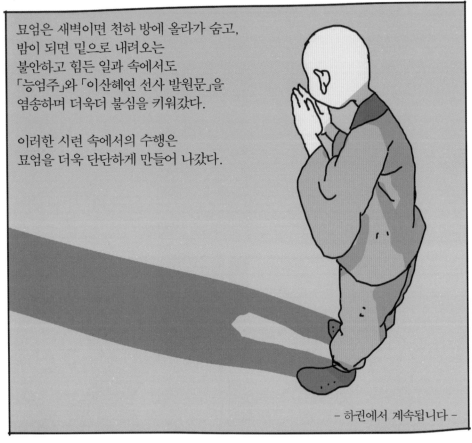

묘엄은 새벽이면 천하 방에 올라가 숨고,
밤이 되면 밑으로 내려오는
불안하고 힘든 일과 속에서도
「능엄주」와 「이산혜연 선사 발원문」을
염송하며 더욱더 불심을 키워갔다.

이러한 시련 속에서의 수행은
묘엄을 더욱 단단하게 만들어 나갔다.

- 하권에서 계속됩니다 -

(상) 만화로 읽는
한국불교의 큰 스승 묘엄 스님의 삶

연꽃 향기로 오신
묘엄 스님

2016년 11월 25일 초판 1쇄 발행

글·그림 배종훈 • 감수 이미령
기획 대한불교조계종 봉녕사
후원 묘엄불교문화재단

발행인 박상근(至弘) • 편집인 류지호 • 편집 김선경, 양동민, 이기선, 양민호
디자인 쿠담디자인 • 제작 김명환 • 홍보마케팅 허성국, 김대현, 박종욱 • 관리 윤애경
펴낸 곳 불광출판사 03150 서울시 종로구 우정국로 45-13, 3층
        대표전화 02) 420-3200 편집부 02) 420-3300 팩시밀리 02) 420-3400
        출판등록 1979. 10. 10.(제300-2009-130호)

ISBN 978-89-7479-331-9 (04200)
ISBN 978-89-7479-330-2 (04200) (세트)

이 도서의 국립중앙도서관 출판예정도서목록(CIP)은
서지정보유통지원시스템 홈페이지(http://seoji.nl.go.kr)와
국가자료공동목록시스템(http://www.nl.go.kr/kolisnet)에서 이용하실 수 있습니다.
(CIP제어번호: 2016028199)

독자의 의견을 기다립니다. www.bulkwang.co.kr
불광출판사는 (주)불광미디어의 단행본 브랜드입니다.